AF438273

QUELQUES MOTS

SUR LE

PROJET DE CONSTITUTION

DE

M. DE LAMENNAIS.

PAR M. C. MARROT, JUGE-SUPPLÉANT

AU TRIBUNAL DE SAINT-GAUDENS.

Pro aris et focis.

SAINT-GAUDENS

J.-M. TAJAN, IMPRIMEUR-LIBRAIRE.

—

1848

A L'ASSEMBLÉE CONSTITUANTE.

Le projet de Constitution, publié par les journaux sous le nom de M. de Lamennais, est bien tel qu'on devait l'attendre de cet homme célèbre ; toutes ses parties se coordonnent ; on trouve par tout la profondeur de la pensée ; on y remarque surtout cet esprit démocratique qu'il avait précédemment fait éclater dans ses ouvrages.

Cependant ce projet bouleverse si profondément les bases de notre édifice social, ses innovations, si toutefois ce nom est dû à un système dont toutes les parties ont déjà été mises en action par de précédentes constitutions, et puis abandonnées, ses innovations, dis-je, sont si radicales et si absolues, qu'il est à craindre que le sol, les mœurs, les croyances, n'en soient trop mobilisés.

Il est à craindre que l'auteur n'ait été entraîné à ce système d'autant plus dangereux, que l'application en est impossible, par les illusions de l'imagination : c'est l'œuvre du philosophe, qui édifie dans son cabinet, non de l'architecte chargé de mettre pierre sur pierre : c'est un vrai plan tracé dans le vide.

Il bouleverse la commune et avec elle la famille ; sans s'en apercevoir, en détruisant la commune il détruit la paroisse ; et par la nécessité de son organisation administrative, s'il n'étouffe pas la justice, il la réduit aux moindres proportions possibles.

Émané d'un homme aussi considérable, ce projet à vivement remué les esprits ; quelques-uns peuvent avoir été induits à accepter des innovations devant lesquelles ils auraient certainement reculé si elles avaient été proposées par un autre homme ; mais pour lesquelles ils n'auraient à coup sûr jamais pris l'initiative.

D'autres, ennemis cachés de la république, qui sentent que, si elle s'établit sur des institutions sages, bien pondérées, assorties aux mœurs, à la civilisation de la France, son établissement sera solide et durable, appuieront les idées de M. de Lamennais, parce que les trouvant exagérées, hors de tout rapport avec l'esprit de modération que la nation vient de manifester par les élections, ils y puisent la certitude qu'une constitution fondée sur de telles bases n'entraînera que désordres et anarchie et par suite fera crouler l'édifice.

J'ai toujours éprouvé de l'admiration pour le génie de l'auteur des *paroles d'un croyant ;* mais j'aime ma patrie autant que lui ; autant que lui aussi je désire que la révolution du **24** février soit la dernière, et que la république sorte forte et respectable des travaux de l'Assemblée constituante : par cela même je repousse avec énergie le système de M. de Lamennais en ce qui concerne la commune, les cultes et la justice.

Je n'ai pas la pensée d'entrer en lice avec lui en m'élevant contre ces propositions : qu'il essaie de remuer le monde, moi je veux faire voir les lézardes de son ouvrage : c'est un coin que je pose sous les étais que la patrie réclame : citoyen, je lui paie mon humble tribut.

DE LA COMMUNE.

Articles du projet :

5. Le territoire continental de la république est divisé en communes et départements.

6. Chaque canton actuel forme une commune.

La commune se divise en autant de sections que le canton ancien renfermait de communes.

25. Il y a dans chaque commune une administration municipale, et dans chaque département une administration centrale.

26. Le maire et le conseil municipal sont nommés par tous les habitants majeurs de la commune, réunis en assemblée électorale.

27. Leurs fonctions s'étendent uniquement aux intérêts particuliers et intérieurs de la commune.

Ils nomment les gardes champêtres et autres employés utiles à la commune.

Ils délèguent dans chaque section de commune un des membres du conseil municipal *chargé de la tenue des registres de l'état civil dans sa section et de la police locale.*

28. Le maire est chargé de l'exécution des arrêtés pris par le conseil municipal.

29. L'administration communale établit chaque année son budget des recettes et des dépenses.

A la fin de chaque année, le maire rend compte au conseil municipal de l'emploi des deniers de la commune ; *il en est responsable devant les tribunaux.*

La réunion de toutes les communes du canton en une seule, formée de tout le canton, ne se conçoit qu'au point de vue de la concentration du pouvoir : c'est au rebours de la marche que semblait indiquer la grande révolution qui nous a donné la république. Que dans une monarchie l'autorité tende sans cesse à se centraliser, parce que son action en devient plus puissante, parce que le pouvoir étant dans les mains d'un seul, ce chef unique gouverne avec d'autant plus de précision qu'il a moins de ressorts à faire mouvoir pour l'exécution de ses volontés ; c'est dans l'ordre : mais dans une république démocratique, c'est une inconséquence : le peuple est souverain ; il ne doit sans doute pas gouverner, mais il ne faut pas non plus l'éloigner tellement des gouvernants qu'il puisse croire que sa souveraineté n'est qu'une illusion : il serait beaucoup plus rationnel de multiplier les communes : quand la commune a une circonscription dont toutes les parties sont parfaitement connues de chaque habitant, chaque habitant peut, sans se déranger de son travail, se tenir au courant des affaires communes, en surveiller la direction; et par là se mettre à même d'être utile dans le conseil municipal ; ou, si l'administration n'est pas bien dirigée, de faire justice aux nouvelles élections. Indépendamment de cet avantage la circonscription actuelle des communes aurait encore celui d'intéresser plus vivement les citoyens à la prospérité de la république par l'action plus immédiate et plus intime qu'ils auraient dans les affaires de leur commune.

D'un autre côté, les communes sont la force de la république; Paris, la grande ville, peut bien faire une révolution, substituer un gouvernement à un autre : Mais Paris seul suffirait-il à l'imposer à la France? Toute révolution, pour être durable, doit avoir l'assentiment du pays, car après toute révolution le pays est appelé à la sanctionner par ses représentants : qu'arriverait-il si les élections condamnaient la révolution au lieu de l'approuver ? Ou Paris se résignerait à subir la volonté de la France, ou l'on tomberait dans la guerre civile : eh bien, ces deux extrémités peuvent être évitées en organisant les communes dans l'intérêt républicain, c'est-à-dire, en les multipliant au lieu de les restreindre, et mieux en les laissant telles qu'elles sont puisqu'il est démontré qu'aujourd'hui leur esprit est favorable à l'établissement de la république; il faut donc entretenir cet esprit : c'est si facile ! la véritable démocratie est dans les populations des communes, c'est là qu'elle se meut et qu'elle doit se mouvoir, et non dans les rues des grandes villes ; car la population des communes aime le travail qui produit l'ordre et assure la prospérité publique : réunir toutes les communes d'un même canton en une seule commune, c'est diminuer cette garantie de prospérité, parce que tous les fainéants des sections, tous les esprits inquiets, turbulents, se porteront au chef-lieu, y formeront une masse dont le mauvais esprit se propagera, et portera le trouble dans les paisibles hameaux.

Il semble vraiment que certains esprits soient jaloux du passé; qu'ils trouvent quelque satisfaction à défigurer les faits historiques, à repousser les enseignements qui en découlent. Est-ce que l'origine des communes ne suffit pas seule pour les faire maintenir telles qu'elles sont ?

On a beaucoup écrit sur cette partie de notre histoire nationale : quelques côtés de la question demeurent encore dans l'ombre; mais on est assez d'accord sur le point essentiel.

Presque tous les auteurs modernes, sans en excepter MM. Thierry et Guizot, ont emprunté à Bréguigny leurs idées principales. Cet illustre et modeste savant et les autres après lui enseignent que les communes se sont formées successivement, poussées qu'elles étaient par la nécessité dans laquelle se trouvèrent les habitants isolés, de se rapprocher, de s'agglomérer pour s'aider et se secourir mutuellement contre les violentes exactions , de plus en plus croissantes, de la féodalité. Le pouvoir royal vint quelquefois à leur aide, selon qu'il avait lui-même besoin de cette diversion pour affaiblir la puissance de hauts Seigneurs; mais il n'intervint le plus souvent que pour faire acte d'autorité en sanctionnant le fait accompli par des chartes qui reconnaissaient, sous la dénomination de privilèges, des droits naturels ou sociaux.

Les communes ont ainsi traversé les siècles : guerres civiles, guerres de religion, guerres étrangères, révolutions, tous les fléaux ont passé sur elles sans les détruire : leur existence a plus d'une fois été mise en péril : déchirées, mutilées, comprimées, elles se sont toujours conservées : c'est que la commune c'est la famille ; c'est que les liens qui rattachent les uns aux autres les membres de la commune sont d'autant plus puissants qu'ils sont formés par ce qu'il y a de plus sacré parmi les hommes : traditions du foyer , souvenirs , affections, intérêt privé, intérêt commun, tout concourt à les rendre indissolubles : on veut vieillir, on veut mourir dans la commune où l'on est né, où l'on a grandi ; on ne veut pas émigrer du cimetière où reposent les restes d'êtres chéris, on veut conserver l'espoir de s'y reposer aussi un jour auprès d'eux.

Dans toutes les communes c'est le même sentiment, et ce sont ces sentiments réunis qui font leur force : les méconnaître, les froisser, ce serait blesser la France.

M. de Lamennais a bien du génie ; mais quel homme ne peut se tromper ? Peut-être sa vie sérieuse l'a-t-elle fait trop vivre en lui-même pour qu'il ait pu acquérir l'expérience positive des hommes, des choses, des affaires, même des affections ; il a ainsi pu se persuader que les habitants de nos campagnes se résigneraient aux calculs de sa politique : erreur : on peut mobiliser les fortunes, les absorber même, mais on ne mobilise pas ainsi les hommes : que l'on remue les intelligences, que l'on excite les passions, c'est possible ; mais changer la nature humaine, les sentiments naturels des sociétés, c'est au-dessus de la puissance du génie.

Eh quoi ! c'est le lendemain d'une révolution que l'humanité revendique, que dans l'intérêt de cette même humanité on viendrait en détruire la base la plus solide ! Que deviendrait la nationalité française si la commune était détruite ? il ne resterait qu'un amalgame plus au moins incohérent de peuplades étrangères les unes aux autres par les mœurs, les usages et surtout par la civilisation.

Croirait-on que les communes rurales ressemblent aux grandes villes, qu'elles se ressemblent même entr'elles ? Que M. de Lamennais les étudie et il demeurera convaincu que les dissemblances sont aussi variées que d'homme à homme : comment a-t-il donc pu concevoir l'idée de les réunir sous un même conseil municipal ?

Les unes sont adonnées exclusivement à la vie pastorale, tout-à-fait étrangères à la vie active et industrieuse des cités ; d'autres n'ont que la culture des champs et ne connaissent que leurs récoltes ; d'autres vivent de la pêche ; d'autres au contraire ont une industrie variée et ne connaissent ni les troupeaux, ni les champs ; et toutes ces nuances se rencontrent fréquemment dans le même canton : conçoit-on la possibilité de les réunir sous la même administration municipale siégeant au chef-lieu du canton ? Que de tiraillements ne s'ensuivrait-il pas ?

Voulez-vous que le conseil municipal puisse concilier leurs divers intérêts ? C'est possible en théorie : mais en pratique l'expérience de tous les jours en a démontré la difficulté.

Voyez les conflits d'intérêt qui s'élèvent journellement entre les divers quartiers de la même ville dans le sein du conseil municipal qui la représente : ce sont cependant des hommes de la même ville qui le composent ; que serait-ce donc s'il fallait y concilier les intérêts d'une infinité de communes réunies ? Chacune de ces communes y aurait-elle au moins un représentant pour en faire connaître les besoins, les intérêts en souffrance ? C'est douteux : car l'influence du chef-lieu pèserait puissamment sur l'élection et l'absorberait probablement à son profit.

De plus, indépendamment des sessions ordinaires, les conseils municipaux ont souvent à se réunir accidentellement ; les villageois éloignés se rendraient-ils à ces séances ? Ce serait encore le chef-lieu qui ferait seul la délibération.

Mais écartons tous les inconvénients de la réunion des communes au canton, réunion qui en serait la suppression ; cette réunion peut-elle produire quelque utilité matérielle ou financière en faveur des communes ? L'état y trouvera-t-il plus de force ?

Utilité pour les communes, il n'y en aurait pas : toutes les charges communales seraient forcément maintenues. Chaque section ayant un état civil, il faudrait une maison commune, il faudrait un secrétaire : on ne voudrait pas que les enfants fissent journellement et deux fois aumoins par jour le voyage du hameau au chef-lieu du canton, il faudrait donc dans la section un instituteur, une maison d'école : il y aurait bien aussi un garde champêtre, car le communisme n'est pas encore passé dans nos mœurs pour que le maraudage et le vol soient décrétés droit social et individuel : il n'y aurait peut-être

plus de paroisse, et dans cette éventualité on pourrait éco-
nomiser le presbytère et la subvention généralement accordée
au desservant : serait-ce donc pour un pareil résultat que le
projet de M. de Lamennais bouleverserait le pays ? Repoussons
une telle idée ; on ne peut admettre que les foudres du Vatican
aient laissé de si profondes rancunes dans le cœur de cet
illustre créateur de l'avenir.

Et les inconvénients ! Ils seraient autrement nombreux et
sérieux : la plupart des communes ont des propriétés, meubles
et immeubles : ce sont rentes sur l'état, terres cultes, pâtu-
rages, montagnes, forêts, bâtiments, établissements industriels : qu'en ferait-on ? Une masse commune pour tout le
canton ? Ce n'est pas probable ; ce serait fouler aux pieds la
justice et le droit de propriété ; ce serait surtout tromper la
foi, la confiance des bienfaiteurs des communes qui ont re-
tranché ces propriétés du patrimoine de leur propre famille,
soit pour venir au secours des communes, soit pour leur
assurer une ressource pour des besoins éventuels.

Il y aurait d'ailleurs impossibilité réelle à réaliser cette
expropriation ; les communes dépouillées se lèveraient en
masse pour résister.

Il faudrait donc une comptabilité spéciale pour chaque
section de commune. Ainsi l'on peut dire que chaque conseil
municipal aurait à faire autant de budgets de recettes et dépenses qu'il y aurait de sections de commune. Dès lors le
délégué serait comptable dans sa section ; à lui la responsabilité de la perception et de l'emploi des revenus.

Que d'embarras ! et pour quoi ? Je le cherche envain ; je
ne trouve d'autre changement que le mode d'administration ;
et quant aux améliorations le projet ne contient même pas
l'ombre d'une seule.

Cependant l'idée de supprimer les communes rurales pour
les annexer à la commune chef-lieu de canton n'a pas été
adoptée par M. de Lamennais sans un but déterminé : il a
voulu supprimer l'arrondissement pour faire disparaître la
sous-préfecture et le tribunal, et faire ainsi arriver directe-

ment et sans intermédiaire les affaires communales à l'administration départementale. C'est au Conseil d'état à dire si cet éparpillement de l'autorité administrative sera favorable à l'action du gouvernement.

Les monarchies trouvent un avantage immense à la centralisation des ressorts administratifs, est-ce à dire qu'il n'en serait pas de même pour la république? Les trois mois qui viennent de s'écouler devraient avoir édifié les esprits sur ce point : je ne veux d'ailleurs que l'attentat commis le 15 mai contre la représentation nationale : serait-il arrivé si l'administration de Parie avait été homogène?.

Les républiques sont, de leur nature, ombrageuses ; elles abandonnent le moins de pouvoir possible aux chefs qu'elles se donnent : cette seule considération devrait faire comprendre la nécessité de donner au pouvoir ainsi circonscrit assez de force pour l'efficacité de son action. Le chef de la république, président ou directoire, ne gouverne que par des ministres, les ministres n'agissent que par les préfets : or comment un préfet pourra-t-il administrer sérieusement s'il est obligé de traiter par lui-même les innombrables détails des affaires communales? ils peuvent à peine y suffire ; aujourd'hui que ces affaires sont instruites dans les Sous-Préfectures, que serait-ce donc lorsqu'elles leur arriveraient avec leur enchevêtrement ordinaire? administration proprement dite, finances, recrutement, tout tomberait bientôt dans le désordre ; ce serait l'anarchie. On l'évite en maintenant les Sous-Préfectures :

DES CULTES.

La commune et la paroisse forment en France un tout qu'il est bien difficile de séparer : voilà pourquoi nous avons dit que supprimer la commune, c'est supprimer la paroisse : mais il n'est pas nécessaire de cette déduction par le raisonnement ; le projet est formel :

Art. 14. Chacun professe son culte avec une égale liberté.

Tous les cultes sont indépendants de l'état.

Il n'en salarie aucun, mais il les protège tous.

Ces trois lignes consacrent la révolution la plus profonde, la plus radicale qui puisse atteindre une société. Elle n'altère pas seulement la constitution politique de la France, elle atteint les mœurs, les habitudes ; elle jette la perturbation dans la ville, dans le hameau ; elle effraie la famille.

Rechercher si la loi doit faire les mœurs, ou si ce n'est pas les mœurs qui doivent faire la loi, serait oiseux : les esprits réfléchis seront d'accord que les mœurs et les lois doivent agir et réagir sans cesse l'un sur l'autre sans jamais se heurter. Que dans un ouvrage d'imagination, dans un roman, l'auteur crée tout, peuple, mœurs, constitution et lois, c'est bien : mais quand le peuple, auquel on veut donner la constitution, existe, quand surtout il existe depuis de longs siècles avec des mœurs homogènes bien caractérisées, l'imagination n'a rien à créer pour sa constitution, elle ne doit être que le tableau de ses mœurs et de sa civilisation.

Conçoit-on dès lors que dans un pays tel que la France, véritablement religieux, la constitution qui lui serait donnée ne s'occupât de la religion que pour la mettre à l'écart ? que serait-ce encore si, par les combinaisons adoptées, cette re-religion était avilie, on peut même dire étouffée ?

Rendre tous les cultes indépendants de l'état, c'est n'en admettre aucun, c'est convier les populations à l'irreligion : et pourtant, plus que l'individu, l'état a besoin que les citoyens aient une éducation morale ; et pour tout homme doué de raison, il n'y a pas d'éducation morale, il n'y a pas d'honnêteté publique et privée ; il n'y a pas, il ne peut pas y avoir de probité sans le principe religieux : aussi a-t-on dit depuis long-temps que « si Dieu n'existait pas il faudrait l'inventer » pour le bien des hommes en particulier et des sociétés en général. C'est que les passions sont le fléau le plus déplorable qui tourmente les sociétés et les individus ; c'est que les passions, les mauvaises passions étouffent les bons instincts, neutralisent les bons principes et rendent semblable à la brute l'homme qu'elles dominent. Or la raison seule est impuissante à les comprimer et à les maîtriser : la religion seule, par ses enseignements; par son éducation, peut faire un contre poids, par l'empire qu'elle prend sur les cœurs, par la bonne direction qu'elle donne aux passions. C'est ainsi qu'elle sauvegarde la société.

M. de Lamennais ne l'ignore pas ; il connait mieux que nous la nécessité de la religion et c'est par respect pour cette vérité qu'il a écrit en tête de son projet de constitution « *au nom de Dieu.* » Mais cet hommage serait une dérision ; le frontispice ne fait pas le temple, il n'en cache pas même les ruines.

Oui, que chacun jouisse d'une grande liberté, de la plus grande liberté possible pour l'exercice de son culte : c'est le droit de l'humanité qui ne saurait être méconnu ; la raison l'exige et l'expérience le conseille.

Oui, que l'état protège également tous les cultes, c'est la conséquence de la liberté de leur exercice : cette liberté ne serait qu'un vain mot si l'état avait une protection plus ou moins efficace pour un culte que pour un autre ; il y aurait atteinte à l'égalité : il en résulterait pire encore : cette inégalité fomenterait les jalousies, les rivalités, les haines entre les divers cultes : elle détruirait dès le principe l'un des symboles de la république : au lieu de rapprocher les esprits et les cœurs, elle les diviserait, les éloignerait des sentiments de la véritable fraternité.

Au fond, les diverses religions ne diffèrent que par la forme : toutes reconnaissent et adorent un Dieu ; toutes honorent la vertu : c'est l'essentiel pour l'état : à ces conditions il peut, il doit les protéger toutes également.

Mais il ne faut pas confondre les religions proprement dites avec ces sectes *sociales, humanitaires, plus ou moins philosophiques,* qui ne sont autre chose que la négation de Dieu : à celles-ci l'état ne doit aucune protection, il doit au contraire, comme corollaire nécessaire de la protection qu'il promet aux cultes, les surveiller et les réprimer.

Ainsi liberté et protection pour les cultes religieux : toutes les opinions seront d'accord sur ce grand principe : s'en suit-il qu'ils doivent être, d'une manière absolue , indépendants de l'état ? Dieu nous en garde ! ce serait une faute que l'état ne tarderait pas à expier cruellement.

Je sais que la révolution du 24 février ne doit pas être superficielle ; qu'il faut, pour qu'elle ne soit pas suivie d'autres bouleversements, que ses effets descendent dans les entrailles du pays : mais je sais aussi qu'il faut veiller à ce que les fondements de la société ne soient pas détruits. Il ne faut pas poursuivre une amélioration systématique au risque de ramener la civilisation française aux éléments du moyen âge.

Plus qu'en toute autre matière les enseignements de l'histoire doivent servir de guide pour régler les rapports des cultes avec l'état : que l'on ouvre donc le livre des temps passés, et l'on verra qu'il n'est pas un seul peuple qui n'ait eu sa religion ; qu'il n'est pas un état, république ou monarchie, dans lequel la religion ait été indépendante de l'état ; par tout, au contraire, chez les anciens comme chez les modernes, la religion a été fortement rattachée à l'état. Et que l'on ne croie pas que c'ait été des considérations purement politiques qui aient déterminé cette annexion des cultes et de l'état ; elle fut provoquée aussi, et principalement par les exigeances du bien |public ; la cause déterminante fut presque purement philosophique et humanitaire.

L'état n'a d'action que par ses lois, il ne régit par conséquent que les faits, les actes matériels ; il n'atteint que la personnalité des individus :

La religion au contraire exerce son empire sur l'esprit et le cœur :

Si la loi réprime, la religion moralise :

La loi n'atteint guère que le fait accompli :

La religion le prévient et l'empêche :

La loi ordonne ou défend :

La religion donne la conviction, montre et enseigne le bien et le mal, et n'a ainsi besoin ni d'ordonner ni de défendre.

La république a écrit sur son drapeau *fraternité :* mais a-t-elle des moyens humains pour la faire entrer dans les cœurs ?

La religion en rattachant l'ame à Dieu par l'immortalité récompense des vertus, porte l'homme à la charité, à l'amour du prochain, et ne considère la société que comme une famille de frères.

Quel puissant levier que la religion pour un état qui veut sérieusement s'occuper de l'humanité ! quelle force morale ne trouverait-il pas dans l'appui que pourrait lui prêter la religion ! Comment l'idée de l'isolement pourrait-elle entrer dans une constitution ?

La vérité des grands avantages que la république trouverait dans une sage pondération des liens qui lui rattacheraient les cultes, devient bien plus sensible si l'on considère ce qu'est la religion en France, quelle est à son égard la disposition des esprits.

Le culte chrétien n'est pas seulement imposant par la sublimité de sa morale et de ses dogmes, il l'est aussi par le nombre de ceux qui le professent ; il l'est surtout par cette force d'affection qu'il fonde sur les mœurs, la foi des familles et les traditions héréditaires : sa puissance est immense : ses ministres forment un corps si compacte, si uni par son orthodoxie, si nombreux ; il possède la confiance publique à un si haut degré, qu'en vérité ce culte constitue un état dans l'état.

Que l'on considère l'état des choses et des esprits au point de vue qu'on voudra prendre, ce sera toujours la vérité ; aveugle qui ne la verra pas. Mais ne pas la voir, ne pas la prendre en sérieuse considération dans la constitution de la république serait une de ces aberrations qui, chez des hommes éclairés et graves ne pourrait être attribuée qu'à une idée fixe, au parti pris d'éteindre la religion.

93 voulut aussi entreprendre cette tâche : qu'en advint-il? les prêtres qui furent assez heureux pour se soustraire au glaive de la terreur, errèrent pauvres et proscrits par toute l'Europe : et puis, quand les fureurs révolutionnaires furent épuisées, quand la France sortit de ses ruines et put se reconnaître, quand un peu d'ordre fut rendu au pays, la France fut heureuse de revoir les ministres de son Dieu ; ils furent accueillis comme des envoyés du ciel qui venaient lui rendre l'espoir d'un bonheur dont elle avait désespéré.

Ce qui est arrivé une fois arriverait encore à en juger par les dispositions de la nation en faveur de son culte ; mais il est plus que probable qu'elle ne permettrait pas que cette dure extrémité se réalisât : elle opposerait une vive résistance aux exécuteurs du projet de M. de Lamennais ; les populations ne souffriraient pas que leurs prêtres leur fussent enlevés.

On n'en viendra pas là ; nous pouvons l'espérer : l'assemblée constituante sort du sein du peuple, peuple elle même, elle partage le sentiment public. D'ailleurs elle renferme un trop grand nombre d'hommes sages pour ne pas sentir combien il serait imprudent d'isoler entièrement les cultes du gouvernement par une indépendance absolue : elle comprendra que principalement le culte catholique a une constitution si bien ordonnée, si fortement liée, fondée sur une hiérarchie si puissante, qu'il formerait un état véritable et menaçant dans l'état ; elle verra les tiraillements continuels qui s'en suivraient : sans cesse en défiance l'un contre l'autre, il ne pourrait exister entr'eux qu'une harmonie apparente, purement politique, qui s'affaiblirait de jour en jour, et aboutirait à une hostilité ouverte. Il faudrait bien alors, ou que l'état s'abdiquât lui-même, ou qu'il s'occupât des cultes : ne s'en occuperait-il que pour réprimer? La répression est toujours à déplorer quand la cause qui la provoque fût connue et eût pu être écartée : la répression ne viendrait qu'après des perturbations intestines ou patentes ; ces désordres auraient ébranlé les populations ; et pourtant il importe à la république de maintenir l'ordre public, de faire entrer le calme et la confiance dans les esprits ; ce n'est qu'à cette condition qu'elle pourra parvenir à réaliser pour le peuple, pour tout le peuple, les bienfaits de la liberté, les avantages moraux et matériels qu'il a droit d'en attendre.

Pourquoi donc attendre l'orage ? Pourquoi ne pas le prévenir ? La république a-t-elle trouvé les cultes hostiles ? ont-ils murmuré contre son établissement ? Y a-t-il entre les cultes chrétiens que professe la France et les principes proclamés par la république une antipathie quelconque ? Mais la religion chrétienne est une véritable république ; sa morale est absolument celle de notre république : pourquoi donc la traiter en ennemie ? Pourquoi l'isoler, l'éloigner de l'état ? Pourquoi le priver de son aide ?

Napoléon eut une idée plus juste des nécessités du gouvernement quand il attacha tant de prix, sacrifia tant d'efforts, de patience et d'habileté à obtenir le concordat.

Fut-il déterminé par l'intérêt du pouvoir seulement ? Ne le fut-il pas aussi par l'appréciation des avantages qui en résulteraient pour la nation en général ? Eh ! qu'importe qu'il ait voulu donner plus de force à l'action gouvernementale en la dégageant des embarras religieux ? Est-ce que la république n'a pas le même intérêt ; est-ce que son gouvernement n'en sera pas plus libre et plus facile si elle établit de bons rapports entre lui et les cultes : est-ce qu'il n'est pas aussi avantageux pour elle qu'il pouvait l'être au consulat de Napoléon que le pouvoir soit fort et respecté, et ne soit pas exposé à rencontrer des résistances qui le pousseraient à la violence ?

Et la liberté, cette liberté notre idole à tous, peut-elle sérieusement exister sans l'accord de tous ; le désordre n'est-il pas son plus redoutable ennemi ?

Il ne faut pas se faire des illusions : que des idéologues veuillent substituer une sorte de culte philosophique à la

2

religion de nos pères ; qui en doute ? Mais la nation les re-pousse : elle veut la religion avec non moins de force que la liberté : c'est un sentiment profond, tout puissant parmi les masses : le méconnaître ce serait blesser le peuple entier ; ce serait rouvrir le cratère dont les éruptions provoquèrent de si épouvantables déchirements.

N'essayez donc pas de rendre l'état et la religion indépen-dants l'un de l'autre ; si vous ne pouvez pas les unir par des liens plus intimes ne rompez pas ceux qui les attachent. Que l'état agisse sur les personnes par ses lois, la religion sur les esprits par sa morale et par ses dogmes, mais, pour le bon-heur de tous, que l'action de l'un seconde celle de l'autre ; que le but soit le même ; que l'un et l'autre ne cessent point de s'entendre ; et l'un et l'autre concourront ainsi à la pros-périté de la république : entendez-vous sur les moyens avec l'homme illustre qui se trouve en ce moment à la tête de l'église : son âme est si grande, son esprit si élevé, il com-prend si bien les droits des hommes, que vous ne pourrez rencontrer de difficultés insurmontables pour cimenter la bonne harmonie entre l'état et la religion : réussissez, et vous aurez plus fait pour la France qu'aucun des gouvernements qui vous ont précédés.

Si vous ne bouleversez pas les communes, si vous ne con-sacrez pas l'indépendance absolue des cultes, devez-vous supprimer le traitement de leurs ministres ?

Si cette question ne se présentait pas dans un moment où les finances de la république sont dans une détresse qui afflige tous les bons citoyens, ce ne serait pas une question. Raison de justice, raison de convenances, raison de dignité, de pru-dence, d'humanité, et par dessus tout raison de bonne poli-tique, tous les motifs imaginables se pressent pour déterminer le maintient de ce traitement.

La pénurie du trésor public, quelqu'impérieuse qu'elle soit, ne peut en autoriser la suppression *en principe* : Le gouver-nement provisoire par un décret, que la France entière a appouvé, a garanti la dette publique ; l'Assemblée consti-

tuante a donné sa sanction à ce décret en passant à l'ordre
du jour sur la proposition de M. Dabeaux : or le traitement
des *ministres de l'église catholique* rentre véritablement dans
cette dette. Personne n'ignore, en effet, qu'en même temps
que la première constituante supprimait les biens de main
morte et enlevait à l'église, pour les confondre avec le domaine
national, les grandes richesses que les siècles avaient accu-
mulées sur sa tête, elle contractait l'obligation de pourvoir
décemment aux besoins du culte catholique : le traitement
accordé aux prêtres en fut l'exécution. Il y aurait donc aujourd'hui violation flagrante de la foi publique, injustice
énorme à éluder cet engagement assumé par nos pères.

On dit que le traitement rend les cultes dépendants du
gouvernement et altère par là leur dignité : ce ne sont que
des mots : que les cultes soient rétribués ou ne le soient
pas, leur position dans la république sera politiquement
toujours la même. Envain l'on proclamerait leur indépendance, la force des choses, les nécessités du gouvernement ne
permettront jamais de leur laisser une liberté entière. Sans
doute chacun sera libre, dans toute l'acception du mot, d'exer-
cer son culte ainsi qu'il l'entendra, mais le culte en lui-même,
ce qui en constitue le personnel, ne pourra jamais quant à sa
police, à ses règlements extérieurs, être perdu de vue par
le gouvernement.

La religion catholique a un chef qui réside en pays étranger ;
par lui-même et par sa nombreuse milice il exerce en Europe
une grande influence : les divers gouvernements qui ont
régi la France ont toujours exigé que les bulles émanées de
Rome fussent soumises à leur approbation avant d'être ac-
ceptées par le clergé de France ; ils ont toujours pris une part
notable à la nomination des dignitaires de l'église : est-ce que
la république renoncerait à ce droit et voudrait s'exposer à
dénationaliser son église ?

D'un autre côté les lois accordent certaines immunités aux
ministres des cultes : peut-on songer à les leur enlever ? Un
prêtre sera-t-il appelé au service militaire ; sera-t-il inscrit

sur les contrôles de la garde nationale ? L'indépendance d̄ꝰ
cultes ne pourrait donc jamais être véritable :

Elle n'est certes pas réclamée par leur dignité : la religion et ses ministres formeront toujours un grand corps dans l'état et l'état ne pourra jamais tolérer que ce corps soit hors de lui : il y aurait donc dans leur union sagement combinée plus de dignité pour le culte et aussi pour la république que dans un isolement systématique.

Que seraient vos fêtes sans la participation du culte ? Vous les y appelez vous-mêmes : la France se couvre tous les jours d'arbres de la liberté, mais partout on réclame la bénédiction de l'église ; le peuple n'attacherait aucune importance à ces cérémonies *nationales,* il n'en recevrait aucune impression , s'il n'y voyait figurer le curé de sa paroisse.

Que deviendraient cependant les cultes et leurs ministres, dans notre état de civilisation, si la république les abandonnait ? On a peine à le dire : les cultes ne seraient plus qu'une profession industrielle ; leurs ministres, des spéculateurs plus ou moins mercantiles : sans ressources, sans moyens assurés d'existence, ils seraient obligés ou de mettre à prix les secours spirituels de leur ministère, ou de rechercher dans quelqu'autre industrie la rémunération d'une vie de dévouement à l'humanité : on les verrait passer de l'autel à l'atelier, au comptoir ; ils se jetteraient, *peut-être avec une passion* que ne réglerait pas assez la prudence, dans la polémique ; journaux, brochures, livres, tout leur serait profitable ; et toutes leurs productions deviendraient autant d'embarras qui pourraient troubler et qui troubleraient les populations et le gouvernement qui les aurait lancés dans cette voie. Cette dure extrémité donnerait-elle plus de dignité aux cultes, à leurs ministres ?

La position qui leur serait ainsi faite pourrait encore entraîner des résultats autrement graves et sérieux. En leur donnant une indépendance absolue, en les forçant à se faire industriels on ne leur enlève pas leur caractère de ministres du culte, ils demeurent toujours membres de cette immense et puissante association : a-t-on réfléchi à l'augmentation démesurée de puissance qui en résulterait pour elle? Les lois, qui interdisent à l'église de posséder des biens, d'en recevoir par donation ou legs, disparaissant, son ancienne richesse territoriale ne se reproduira-t-elle pas? Par le négoce, par les spéculations, leur association s'emparera du commerce du monde : calculez-en les résultats ; et voyez si leur puissance ne sera pas un jour au niveau de celle de la république : voyez si, sous prétexte de leur donner plus de dignité par plus d'indépendance, par la suppression du traitement, vous n'arrivez pas à un résultat contraire, vous ne créez pas des dangers réels pour la chose publique.

On dit que le traitement assimile les prêtres aux fonctionnaires publics, en fait des fonctionnaires?

C'est une erreur : celui là seul est fonctionnaire public qui exerce des fonctions dévolues par l'état : c'est la fonction et non le traitement qui fait le fonctionnaire.

A quel titre le traitement leur est-il donné? Pourquoi en rechercher un autre que celui qui leur est propre? Ministres du culte. Le culte reçoit la dotation de l'état parce que l'état est intéressé au plus haut degré à l'éclat et à la prospérité de la religion ; parce que la religion est nécessaire au bien public ; parce que rien de ce qui intéresse le bien général, la morale publique ne peut être indifférent à l'état : parce qu'il importe à l'état que les hommes voués par l'élévation de leur ministère à la moralisation du peuple aient une position sociale bien établie, à l'abri de toute chance précaire ; parce que la religion ne devant s'occuper que des rapports de l'être humain avec la divinité, il est convenable qu'elle soit, quant à son temporel, au-dessus des vicissitudes humaines ; qu'elle ne soit pas plus exposée aux besoins qu'aux passions des hommes en général : voilà à quel titre le ministre du culte reçoit le traitement : sa dignité n'en est pas plus blessée que ne le sont les grandes institutions nationales par les dotations qui leur sont accordées. Le mérite et la dignité des membres de la légion d'honneur souffrent-ils de la pension qui leur est faite? Les grands services récompensés par des pensions sont-ils amoindris par le paiement de cette pension? Ainsi des cultes.

La nécessité du traitement devient encore plus impérieuse si l'on réfléchit à l'état du personnel des cultes en France: ne s'élevat-il qu'à quarante mille, il faut admettre que la plupart sortent de familles pauvres ou peu aisées : quel est le législateur qui aurait la dureté de les abandonner dans leur misère, de les rejetter sans moyens d'existence dans leurs familles qui se sont déjà épuisées pour les faire arriver à l'autel? Que deviendraient-ils, jeunes, vieux, infirmes, tous sans exception? Quel spectacle leur indigence n'offrirait-elle pas aux populations habituées à les honorer, à recevoir leurs secours? Cette dérision ne se réalisera pas à moins qu'on ne veuille décréter l'abolition des cultes.

Sans doute les prêtres actuels ne cesseraient pas d'être prêtres; jusqu'à présent providence des pauvres et des malheureux, la reconnaissance publique viendrait à leur aide : mais après eux que deviendrait le culte? Les séminaires seraient déserts; et si quelques néophites s'y présentaient encore ce ne serait guère que des fils de familles riches : la religion perdrait alors le caractère vraiment démocratique qui la distingue: la profession du ministère ne serait plus à la portée du peuple, elle tomberait dans l'aristocratie, et l'on verrait plus d'abbés mitrés que de simples prêtres. Les campagnes seraient privées de leurs consolations, à peine seraient-ils suffisants pour les grands centres de population.

On a murmuré que ceux qui veulent des prêtres les paient: bien certainement ceux là n'en veulent pas ; mais de telles paroles ne peuvent venir que d'esprits étroits, chagrins, égoïstes ; aussi ennemis de la république que des cultes : car à quoi cela se reduit-il? à la substitution d'un impot arbitraire à un impot régulier. Et à qui imposerait-on cette charge de payer? Il ne peut pas y avoir de méprise : la masse du peuple veut le culte, veut les prêtres, parce qu'elle les

affectionne, parce qu'elle en sent le besoin ; mais c'est principalement le peuple des campagnes qui exige leur conser-
vation : là les prêtres sont une providence : il n'est pas une
peine, un chagrin qui ne leur soit confié, qui ne soit par
eux adouci, pour lequel ils n'aient une consolation ; un
embarras d'affaires se présente-t-il ? Le conseil le fait disparaître : médecins, instituteurs, il sont tout, ils se prêtent à
tout, ils font tout avec charité. Et ce serait lorsque dans
toute la France il y a unanimité de sentiment pour alléger le
fardeau des travailleurs, pour améliorer leur sort, que l'on
rejetterait sur eux la charge de l'entretien du culte ! Ces
bonnes populations consentiront, je le sais, à ajouter ce
sacrifice d'argent à tous les autres sacrifices qu'elles sont
disposées à faire à la république : ce sera quelques gouttes
de plus de sueur qu'elles devront réaliser en écus : mais
travailler, toujours travailler, travailler plus encore aujourd'hui que par le passé pour payer cet impot et les
autres, que de tristes réflexions pour les pauvres citoyens !
Ces réflexions seront-elles favorables à la république nais-
sante ? Que les socialistes, les grands humanitaires trans-
mettent la réponse aux politiques chargés de constituer la
république : moi je ne puis qu'en gémir : je ne puis que
désirer en bon citoyen que la nouvelle constitution n'ajoute
pas des ruines à des ruines.

DE LA JUSTICE.

Et pourtant il est permis d'appréhender que la justice ne
soit bientôt aussi une ruine : d'un côté suppression des
tribunaux, de l'autre élection des nouveaux juges avec
immixtion du Jury dans le jugement des affaires civiles,
peut-on imaginer un système plus désastreux, plus effrayant
pour le droit et la propriété ?

Ce n'est pas quand toutes les idées sont tournées vers le
socialisme, quand on semble prendre à tâche de ne rien

laisser de bout de la vieille société française, qu'il pourrait être opportun d'exposer la nature du pouvoir judiciaire : les théories deviennent lettre morte ; le fait seul, ses résultats appréciables conservent la puissance déterminante : c'est qu'il faut aussi reconnaître qu'à aucune époque les esprits ne s'étaient trouvés sur une pente aussi rapide. Tout l'édifice social est démoli ou penche en ruine ; il faut des architectes, non des professeurs et de beaux diseurs, pour l'étayer et le reconstruire le mieux possible : il le faut solide, pour qu'une nouvelle chûte n'écrase pas ceux qu'il est destiné à abriter ; vaste, pour que tous y soient abrités et protégés avec égalité et efficacité ; commode pour que tous y soient à l'aise : à vous, assemblée constituante, à construire le monument ! Songez que, si le passé vous regarde, l'avenir vous attend : mais songez aussi que la nation tout entière est avec vous ; que toute sa puissance est avec vous. Laissez donc le cri des partis et des factions mourir au seuil de votre palais ; ne vous inspirez que de la volonté nationale ; marchez avec fermeté ; que les institutions que vous allez donner à la France portent l'empreinte du patriotisme et de la sagesse : qu'elles puissent un jour rendre le pays grand comme la vertu.

Jusqu'à nos jours il a été généralement admis qu'en tout ce qui se rattache aux lois organiques il ne faut innover qu'avec une extrême circonspection : cette doctrine ne serait-elle plus vraie le lendemain de notre révolution ? Elle ne doit peut-être pas être suivie avec la même fidélité qu'en temps calme ; mais en tout temps il sera vrai qu'en la matière de la justice et de son organisation les innovations ne doivent être reçues qu'en tremblant ; qu'il faut rigou-reusement n'introduire que celles qui sont réclamées par les nécessités de l'ensemble de la constitution, et même encore à la condition non moins rigoureuse qu'elles amèneront des améliorations dont profitera le peuple en général : si ces améliorations demeurent douteuses, si elles ne sont pas certaines, ne touchez pas à la justice ; songez à chaque instant qu'en elle seule réside peut-être le salut commun ; songez-y surtout dans le sein de vos familles, près de vos enfants, de votre père, de votre mère, de vos frères, de vos sœurs ; songez-y près de vos amis ; que tout ce qui vous est cher sur la terre y reporte sans cesse votre pensée.

Il y a de vives rancunes contre la magistrature ; qu'elles ne s'appesantissent pas sur l'institution. Ces rancunes viennent de ce que les tribunaux ont eu quelquefois à juger des intérêts qui se rattachaient à la politique ; de ce que les magistrats ont eu le courage de leur devoir : que cette expérience ne soit pas perdue pour l'assemblée constituante : que les tribunaux civils ne soient plus exposés au contact de la politique, que leurs jugements ne puissent atteindre ni les opinions, ni des délits de presse : ne les appelez qu'à uger des intérêts purement civils litigieux.

Le magistrat doit être toujours l'homme de la loi ; il ne la ait pas, il l'applique. Les masses peu éclairées ne s'arrêtent as à cette distinction ; elles ne voient que le jugement, se assionnent pour ou contre selon qu'il est ou n'est pas en apport avec leur sentiment : évitez le retour de ces erreurs.

Dans la magistrature qui a fonctionné sous le règne déchu on a pu reprocher à quelques sommités un dévouement excessif à la politique du gouvernement, notamment en ce qui regardait la désignation des journaux chargés des annonces judiciaires : c'est le seul reproche grave qui puisse lui être fait : comme juges proprement dits, jamais corps de justice n'ont eu droit à plus de considération et de respect.

On s'est aussi violemment récrié contre la jurisprudence introduite par l'arrêt Bourdeau : c'est sans raison : ce fut la faute de la loi ; on ne peut l'imputer aux tribunaux.

Mais les masses ne raisonnent pas ; elles voient des monuments de justice qui répriment des actes du domaine de la presse, elles savent que ces actes sont de la compétence du jury, et elles attribuent aux juges cette apparente restriction l'une liberté publique : les législateurs voient mieux, jugent ieux, et n'adoptent pas ces clameurs injustes propagées par l'irritation des individus ou des journaux réprimés : ils rectifient la loi ; et par là ils font justice des mauvaises passions qui fesaient remonter la responsabilité aux juges.

Qu'on ne s'y trompe pas, il fallait au juge, au milieu de ce déchaînement de la presse, une grande force de caractère, un profond amour du devoir pour résister à l'entraînement même de ses propres convictions : l'a-t-on compris? Puissent les nouvelles lois ne plus les exposer à des luttes de ce genre.

Le pouvoir déchu n'ignorait pas cette disposition d'esprit de la magistrature en général ; il savait combien son système de gouvernement lui répugnait, aussi en était-il venu à ne lui tenir compte ni de ses vertus, ni de sa science, ni des droits acquis par de longs et honorables services : tout mérite disparaissait s'il n'était mis en relief par un dévouement bien établi : c'est ainsi que peu à peu il tendait à effacer cette indépendance de caractère qui avait toujours recommandé les corps de justice, ce patriotisme grave qui avait toujours placé l'intérêt du pays avant le bon plaisir des gouvernants : ce fut une des grandes erreurs du pouvoir, car s'il acquérait quelques hommes dans la magistrature il s'en aliénait davantage. La magistrature en masse souffrait de voir le gouvernement s'aventurer dans cette mauvaise voie ; mais elle avait foi dans le bon esprit de la nation, et elle espérait que le jeu des institutions constitutionnelles l'en sortirait : elle n'allait pas jusqu'à prévoir la république, il y aurait mauvaise foi à dire le contraire : cependant elle est arrivée, est-il un seul tribunal qui se soit montré hostile, qui ait hésité à la reconnaître, qui ne se soit empressé de publier les actes du gouvernement provisoire?

Néanmoins il est question de modifier l'organisation des tribunaux, pour la mettre, *dit-on*, plus en harmonie avec l'ensemble de la république démocratique. Nous verrons que ce motif, ne peut être qu'un prétexte et n'a rien de sérieux. Mais quel que soit le système qui sera adopté, les représentants de la France ne perdront pas de vue que la justice est le lien le plus puissant des sociétés humaines, d'abord parce qu'elle est le besoin le plus réel des hommes, en suite parce qu'elle puise sa force dans l'unanimité des volontés sociales.

Si donc vous voulez établir et conserver en France les avantages de la civilisation et une solidarité d'intérêts non précaire, donnez-leur la justice pour fondement ; si vous voulez que la justice puisse atteindre ce but, assurez son indépendance, efforcez-vous de la placer à l'abri des variations de la politique, et des passions qui continueront à s'agiter autour d'elle. C'est une question des plus graves; peut-être la plus grave que l'assemblée constituante soit appelée à résoudre.

Divers systèmes se sont déjà produits; celui de M. de Lamennais les dépasse tous par son radicalisme: on demeure étonné qu'un homme aussi profond, un aussi grand génie ait pu proposer une organisation judiciaire déjà mise en œuvre par la première république et que l'expérience ne tarda pas à faire abandonner. Il a sans doute ignoré la réprobation qui l'accueillit, les scandales judiciaires qui en résultèrent et les tristes souvenirs qu'elle a laissés dans toutes les localités.

Voici le projet :

Art. 129. Dans l'administration de la justice le jury est de droit fondamental.

130. Il ne peut être porté aucune atteinte au droit qu'ont les citoyens de faire prononcer sur leurs différends par des arbitres de leur choix.

131. Il y a dans chaque commune un juge de paix et deux assesseurs élus par l'assemblée électorale de la commune.

134. Il y a pour chaque département un tribunal composé de vingt juges au moins.

135. Les membres de ce tribunal sont élus par l'assemblée électorale du département.

136. Le tribunal de département statue comme tribunal d'appel sur les jugements du tribunal de paix.

Il statue aussi comme tribunal de premier degré.

137. Chaque tribunal de département statue comme tribunal d'appel sur les jugements du tribunal du département le plus voisin ; dans ce cas les jugements sont rendus par deux chambres réunies.

141. Les juges des tribunaux de paix et de département sont nommés pour trois ans.

143. Le principe du jury sera introduit dans l'administration de la justice civile.

Les jurés seront chargés de résoudre les questions d'équité que les tribunaux pourront leur soumettre.

En ce cas la décision du jury modifie le droit strict.

Ce système est en partie la conséquence de la suppression de l'arrondissement et des communes : tous les cantons devenant des centres d'administration, aboutissant directement u chef-lieu du département, les tribunaux d'arrondissement ·:vaient disparaître : et pourtant l'auteur du système en a ellement senti la nécessité qu'il les a conservés et reportés u chef-lieu du canton, sous le titre modeste de justices de paix.

Il est difficile de saisir la pensée de l'auteur : a-t-il voulu modifier la procédure? Il était inutile de supprimer le tribunal : a-t-il voulu mettre la justice plus à portée de tous les citoyens ; a-t-il voulu diminuer le nombre des procès? Admettre l'un c'est exclure l'autre, car rapprocher le juge, diminuer les frais de justice, ce n'est pas diminuer les procès, c'est au contraire en augmenter le nombre. Au reste il paraîtrait que le motif déterminant a été de faire entrer la démocratie dans le personnel de la magistrature, l'élection et le jury ne se conçoivent qu'à cet unique point de vue ; peut-être encore l'auteur a-t-il été entraîné par une considération d'économie en faveur du trésor public. Quant à cette considération disons tout de suite qu'elle n'est qu'une illusion: la dépense, en suivant le projet, serait beaucoup plus considérable puis qu'il y aurait beaucoup plus de magistrats à rétribuer ; et d'un autre côté tandis qu'aujourd'hui l'administration de la justice figure dans le budget des recettes pour une somme infiniment supérieure à la dépense, il faudrait à l'avenir s'attendre à des résultats opposés : la procédure disparaissant, disparaîtraient aussi les produits des actes d'huissiers, d'avoués, de greffes, d'enrégistrement, de papier timbré. Écartons donc cette considération ; et répétons que sous le rapport des finances de la république l'organisation actuelle doit être conservée. Qu'importe au reste la question d'argent quand il s'agit d'assurer la jussice à une grande nation ?

Dans les dernières années les gouvernements voisins croyaient faire beaucoup pour leurs peuples en leur montrant, dans un avenir plus au moins rapproché, une organisation judiciaire établie sur le modèle de celle qui fonctionnait en France ; et ils envoyaient près de nos tribunaux des hommes de science pour en étudier le mécanisme : n'a guère encore des provinces, que la domination française avait traversées et qui, dans cette courte période de temps, avaient trouvé bien-être et liberté sous la tutelle de nos lois, réclamaient avec force l'adoption de nos codes : que doivent penser aujourd'hui ces peuples en voyant que la France les répudie, et court après une nouvelle organisation judiciaire ?

Les justices de paix ont toujours été de vrais tribunaux de famille, dont la compétence était fort restreinte, et qui en raison de la modicité de l'intérêt litigieux, jugeaient aussi fréquemment d'après le sentiment de l'équité que d'après les règles du droit strict. Leurs jugements sont en général en dernier ressort, c'est-à-dire que le procès finit devant leur juridiction. On comprend dès-lors que pour remplir convenablement la fonction de juge de paix il suffit d'une intelligence et d'une instruction ordinaires ; qu'un sens droit, la connaissance des usages locaux sont les conditions les plus nécessaires : bien entendu cependant que le magistrat aura la probité de son ministère.

Mais si les tribunaux d'arrondissement sont supprimés, si leur juridiction est reportée avec toute l'étendue de leur

compétence aux juges de paix, d'autres conditions de capacité
deviennent nécessaires. L'homme qui n'a pas fait une étude
spéciale du droit ne pourra pas décemment être appelé à
juger les questions si ardues d'hypothèques, de privilèges,
de contrats, de servitudes : ce sont donc de vrais magistrats,
des juges éclairés, insruits qui devront remplir les justices
de paix : ce serait donc un simple déplacement, une multi-
plication de tribunaux. Cette vérité est si évidente que je
n'ose insister davantage.

Maintenant l'élection communale ferait-elle sortir de l'urne
des noms d'hommes capables, instruits dans la science du
droit : c'est tout aumoins douteux ; et pourtant une première
expérience a démontré qu'il ne faudrait pas l'espérer : et on
le conçoit facilement quand on sait combien les emplois
publics, si modiquement qu'ils soient rétribués, sont recher-
chés, enviés. On verrait la commune se diviser d'abord en
coteries, puis en partis : les coteries ne voudraient voir dans
cette élection rien de politique, ne prendraient aucun souci
des qualités du candidat, et ne consulteraient que les intérêts
de famille et de clocher : les partis au contraire rattacheraient
cette élection à la politique générale ; et des candidats re-
commandables par leur mérite, par leurs vertus, par leur
savoir, seraient écartés, les uns, parce qu'ils n'auraient pas
fait preuve de dévouement à la république, parce qu'ils ne
seraient pas assez pénétrés de sentiments démocratiques ; les
autres, parce qu'ils seraient trop avancés dans le radicalisme :
et selon que les coteries ou les parties l'emporteraient en
nombre, la justice pourrait être confiée à des hommes non
seulement ineptes mais indignes.

Ce résultat certain en aménerait d'autres non moins certains : l'intérêt et la passion politique ayant triomphé, ceux
dont les votes auraient prévalu seraient les bien venus du
lauréat, les autres ses ennemis : les uns assurés de son dévouement, se croiraient également certains de gagner tous
leurs procès bons ou mauvais, les autres de les perdre. Ce
serait une lutte de confiance et de défiance qui jetterait le

trouble et la désolation dans la commune, paraliserait toutes
les transactions civiles, et ferait craindre aux plus honnêtes
gens la ruine de leurs familles. La justice tomberait dans le
mépris ; la civilisation en recevrait une atteinte profonde :
et l'on verrait se reproduire ces temps de barbarie où la force
était le droit, où chacun se faisait justice à lui-même.

Le pouvoir public ne pourrait demeurer étranger à cette
élection ; il voudrait aussi la diriger, il lui ferait sentir son
influence : hors des grandes villes cette influence est toute
puissante : le juge qui ne voudrait pas en perdre l'appui
serait ainsi sans indépendance : il serait sans cesse ballotté
par des opinions politiques qui ne seraient pas les siennes :
toutes les influences le trouveraient accessible ; et pour se
ménager une réélection, il consulterait aussi souvent l'influence électorale des plaideurs, que le droit et la justice :
ses jugements seraient des fantaisies, souvent des scandales
publics, des monuments d'ignorance et d'iniquité.

Dans un tel état de choses les écoles de droit civil, criminel,
administratif, deviennent inutiles : de quelle utilité peuvent-
elles être si la science n'est pas nécessaire pour la distribution
de la justice : les lois elles-mêmes qu'elle autorité auront-
elles, si celui qui doit les appliquer peut se dispenser de les
connaître ?

Et puis qui fréquenterait ces écoles ? Pourquoi les fréquen-
terait-on ? Pour être, trois ans peut-être, juge, procureur de
la république ? Quelle famille voudrait laisser ses fils s'en-
gager dans une carrière aussi précaire ? Dans une carrière !
mais ce ne serait pas une carrière : aujourd'hui on entre
dans la magistrature, parce qu'on c'est assuré d'y demeurer
toute la vie ; mais quand la magistrature ne recevra que ceux
qu'y feront entrer les élections populaires, sera-t-on certain
d'une seconde élection : à quoi aurait alors servi au jeune
homme une éducation qu'il aurait acquise à grands frais ?

Il faudrait donc encore effacer une des gloires de la France :
il faudrait enfouir dans la poussière ces monuments de la
science que nous ont légués les Domat, les Pothier, les Cujas,

les Furgolle, les Merlin et tant d'autres hommes illustres dont la mémoire sera toujours honorée : il faudrait déshériter des hommages de la postérité nos célèbres contemporains qui depuis de longues années n'ont cessé de consacrer leurs veilles à expliquer, commenter le texte et l'esprit de nos lois, soit pour mettre les magistrats plus à même de rendre bonne justice, soit pour éclairer les citoyens sur leurs droits respectifs :

Il faudrait livrer aux flammes ces immenses et précieux recueils de la jurisprudence ancienne et moderne de la France : avec la science disparaîtrait l'uniformité de la jurisprudence : chaque siége aurait la sienne, ou plutôt il n'en existerait plus. Pour fonder une jurisprudence, dans une république tout aussi bien que dans une monarchie, il faut une magistrature régulière, dont les traditions se perpétuent : ce corps ne peut sortir de l'élection. Eh ! que serait-ce encore si aux juges élus venait s'adjoindre le jury en matière civile ? Son omnipotence serait la seule loi : et l'arbitraire prendrait ainsi la place de la justice ? L'arbitraire !

O France, que Dieu veille sur toi, et te préserve des utopistes.

Je voudrais avoir tout dit : je voudrais m'abstenir de parler de l'inamovibilité de la magistrature : il me répugne d'émettre une idée, une seule idée qui sente le *mot* ; je suis *orfèvre*.

J'en conviens, cette inamovibilité paraît une contradiction dans l'état républicain : le mouvement est l'élément naturel de la démocratie ; elle se remue toujours, il ne dépend pas d'elle de s'arrêter, de vivre dans le repos. Une longue durée des pouvoirs publics constituerait l'aristocratie. La magistrature exerce un pouvoir considérable, elle forme un corps et laisser à ce corps une existence homogène, indéfinie dans sa durée, ce serait consacrer un véritable privilège.

Est-ce à dire qu'il faille nécessairement anéantir le principe de l'inamovibilité ? J'hésite à vous dire ma pensée, et pourtant je sens que je le dois.

Les avantages de l'inamovibilité sont incalculables : les juges y trouvent la juste récompense de leurs services et leur indépendance ; les justiciables la garantie d'une bonne justice ; et le pouvoir l'appui de la force morale. Ces raisons sont palpables, à la portée de tout le monde.

La magistrature de nos jours, c'est les anciens parlements : ils furent toujours le soutien, de zélés défenseurs des libertés publiques : en **1815** la restauration voulut répudier les magistrats de l'empire : elle les soumit à une nouvelle institution, élimina de la sorte ceux dont le dévouement lui paraissait douteux, et leur substitua des hommes monarchiques au suprême degré, frémissant d'horreur au seul souvenir de la révolution. Qu'y gagna-t-elle ? quelques années s'étaient à peine écoulées, que la magistrature de Paris repoussait les prières, les menaces d'une politique hostile aux droits de la nation : « la Cour, disait-elle aux représentants du roi, rend « des arrêts et non pas des services.» C'est que dans le sanctuaire des lois et de la justice, le magistrat prend l'âme et devient l'écho du pays : telle elle fut sous les rois, telle sera la magistrature de la république: pourquoi donc en redouter l'esprit, pourquoi détruire ce qui fait sa force, ce qui commande le respect des justiciables.

On disait sous les rois, « Toute justice émane du roi, » parce que la justice est le symbole de la force, que la force est dans le peuple et que le roi était le mandataire du peuple : la fiction qui reportait la distribution de la justice au roi a disparu pour faire place à la réalité : la justice émane et se rend au nom du peuple : est-ce que le peuple n'est pas toujours lui ? est-ce qu'il est exposé à des variations d'existence ? pourquoi donc l'institution judiciaire qui le représente ne participerait-elle pas de son immuabilité.

Dans la république l'instabilité s'arrête aux choses politiques ; la justice n'a rien, ne doit rien avoir de politique :

Qu'elle ne soit donc pas exposée aux chances de la politique.

Et voyez ou pourrait amener une résolution contraire :

Formée aujourd'hui dans l'esprit du système suivi par le gouvernement, si ce système se modifiait demain, demain il faudrait aussi modifier le personnel de la magistrature.... une telle éventualité est décourageante ; n'y exposez pas le pays.

MARROT.

Saint-Gaudens, mai 1848.